생활 속에
숨어 있는
정치이야기

생활 속에 숨어 있는 정치이야기

초판 1쇄 인쇄 | 2019. 7. 15.
초판 1쇄 발행 | 2019. 7. 20.

윤혜숙 글 | 이지후 그림

발행처 도서출판 거인
발행인 박형준
책임편집 안성철
디자인 박윤선
마케팅 이희경 김경진

출판등록번호 제2002-000121호
주소 서울시 마포구 상수동 와우산로 48 로하스타워 803호
전화 02-715-6857
팩스 02-715-6858

값은 표지에 있습니다.
ISBN 978-89-6379-180-7 73300

행복한 정치이야기 3

생활 속에 숨어 있는 정치이야기

환경 보호!

보통선거
평등선거
직접선거
비밀선거

인간존중권·행복추구권

거인

차례

정치, 정체를 밝혀라!
생활 속에 숨어 있는 정치 …… 8
다수결의 원칙이란? …… 12
나라에도 주인이 있어 …… 16
민주주의의 정신 …… 20
민주주의를 지탱하는 네 가지 원리 …… 26
민주정치의 시작과 과정 …… 34
대한민국 국민이라면 누구나 누리는 권리 …… 38
기본권의 종류 …… 40
대한민국 국민이라면 누구나 지는 의무 …… 52
우리 모두 누려야 할 인권 …… 58

정치, 나도 할래!
국민을 대표하는 사람을 뽑는 선거 …… 64
공정한 선거를 위한 원칙 …… 66
선거관리위원회 …… 72
정당을 통해 정치에 참여하기 …… 74

정치에 참여하는 다양한 방법 …… 76
시민들이 모여 만든 시민단체 …… 78

막강 정치 기구를 가려라!
나라를 이끄는 입법부, 행정부, 사법부 …… 86
법의 고향, 국회 …… 88
국회의원은 어떤 사람일까? …… 90
나라의 살림꾼, 행정부 …… 96
우리나라를 대표하는 대통령 …… 98
행정부는 어떤 일을 할까? …… 102
사법부에서는 무슨 일을 할까? …… 110
여러 가지 법원의 종류 …… 116

나라 밖 정치가 궁금해!
우리는 지구촌 이웃 …… 122
함께하는 지구촌 …… 124

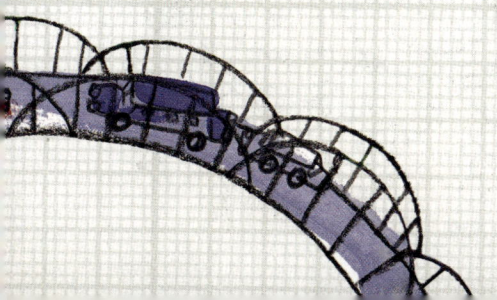

정치, 정체를 밝혀라!

인간존중권·행복추구권

생활 속에 숨어 있는 정치

서로 다른 이익을 타협해 주는 정치

"당연한 거 아니야?"

"뭐라고? 왜 당연한 건데?"

이모와 삼촌이 군가산점 제도에 대해 토론하는 것을 보고 있어요. 군가산점 제도란 국가 공무원 시험 등에서 군대를 다녀온 남자에게 점수를 더 주는 제도를 말해요.

사이좋은 오누이로 유명한 이모와 삼촌이 왜 이렇게 군가산점 제도를 두고 목소리를 높이는 걸까요?

군가산점 제도에 대한 이익이 서로 다르기 때문이에요. 군가산점 제도가 인정되면, 군대를 다녀온 삼촌이 이모보다 훨씬 유리하거든요.

사람들은 서로 다른 이익 때문에 갈등을 빚기도 해요. 낡고 허름한 동

> **핵심 포인트**
> 정치는 갈등과 다툼이 발생했을 때, 이를 해결하는 방법을 찾아 나가는 과정이에요.

네의 집을 모두 허물고 아파트 단지를 새로 만들려고 할 때에도, 이를 찬성하는 사람과 반대하는 사람이 있기 마련이에요. 아파트 재개발 공사로 얻는 이익이 다르기 때문이에요.

이때 필요한 것이 바로 정치예요. 정치란 서로 다른 이익으로 인해 갈등과 다툼이 발생했을 때, 이를 해결하는 방법을 찾아 나가는 것을 말해요.

다툼과 분쟁은 대화로

많은 사람들이 모여 사는 사회에서는 갈등과 다툼이 일어나요. 그렇다면 사회 속 갈등과 다툼은 어떻게 해결해야 할까요?

연화원은 사람들이 싫어하는 대표적인 혐오 시설인 화장장이에요. 이런 시설은 꼭 필요하지만, 누구나 화장장이 자기 집 근처에 들어서는 것을 아주 싫어해요.

시에서 화장장을 세우겠다고 하자, 주민들은 시청 앞에 모여 매일 시위를 했어요.

그렇다면 거센 주민들의 반대를 어떻게 잠재울 수 있었을까요? 바로 대화와 타협이었어요. 시에서는 주민 간담회와 설명회를 열었어요. 주민들에게 외국에서 잘 관리되고 있는 화장장 시설을 소개하고, 마을에 필요한 도로와 상하수도 시설을 더 설치해 주는 것은 물론, 장

핵심 포인트
민주주의 사회에서는 대화와 타협으로 서로에게 이익이 되는 방법을 찾아 나가요.

례식장과 화장장 운영권도 주민들에게 주겠다고 약속했어요. 서로 이익이 달라 갈등과 다툼이 일어나면, 대화와 타협으로 문제를 해결해 나가야 해요. '대화와 타협' 이야말로, 민주주의 사회를 만드는 비법이랍니다.

다수결의 원칙이란?

보다 많은 사람의 의견을 따르는 다수결의 원칙

독일 바덴바덴에서는 국제올림픽위원회의 위원들이 1988년 하계 올림픽의 개최지를 결정하기 위해 투표를 했어요. 서울과 일본 나고야가 서로 경쟁을 펼쳤는데, 많은 사람들이 나고야가 올림픽 개최지가 될 것이라고 예상했어요.

하지만 결과는 서울이 52표, 나고야가 27표를 얻어 서울이 1988년 올림픽 개최지로 결정되었어요. 더 많은 위원들이 나고야가 아닌 서울을 올림픽 개최지로 선택한 거예요.

국제올림픽위원회가 올림픽 개최지를 정하는 것처럼, 우리는 많은 일들을 투표로 결정해요.

반장, 국회의원, 대통령을 뽑는 것 모두 투표로 정하는데, 이때 가장 많은 표를 얻은 사람이 반장,

> **핵심 포인트**
> 더 많은 사람들이 선택한 의견에 따르는 것을 '다수결의 원칙'이라고 해요.

국회의원, 대통령이 되는 거예요.
이처럼 더 많은 사람들이 선택한 의견을
따르는 것을 '다수결의 원칙' 이라고 해요.
'다수결의 원칙' 은 민주주의 사회에서 '대화
와 타협' 과 함께 문제를 해결하는 중요한 방법이랍니다.

소수의 의견도 존중해요

많은 사람들이 찬성한 것일수록 더 좋고 바람직한 것이라고 생각하기 쉬워요. 과연 그럴까요?

고대 그리스에 소크라테스라는 유명한 철학자가 살았어요. 그는 나라에서 인정한 신을 섬기지 않아서 젊은이들에게 나쁜 영향을 끼친다는 이유로 고발을 당해요. 법정에 선 소크라테스는 당당하게 자신을 변론했지만, 사형선고를 받아요.

법정의 재판관은 시민 가운데서 500명으로 구성되었는데, 다수결의 원칙에 따라 판결이 결정되었어요.

결국, 소크라테스는 독배를 마시고 말았답니다.

톡톡 맞춤 지식

위대한 철학자 소크라테스

소크라테스는 '너 자신을 알라'라는 말로 유명합니다. 하지만 이 말은 소크라테스가 한 말이 아니라, 델포이 신전 기둥에 적혀있던 말이랍니다. 소크라테스는 이 말을 보고 자신이 확실하다고 믿고 있던 것도 진실이 아닐 수 있다며, 참된 지식을 얻기 위해 평생 노력했어요.

소크라테스의 재판에서처럼 많은 사람이 선택한 결정이라고 해서 항상 옳은 것은 아니에요. 많은 수의 사람도 때로는 어리석은 결정을 내릴 수 있어요.

이것이 바로 '다수결의 횡포'예요. 무조건 다수결의 원칙을 내세우기보다는 소수의 의견에도 귀 기울일 줄 아는 태도가 필요해요.

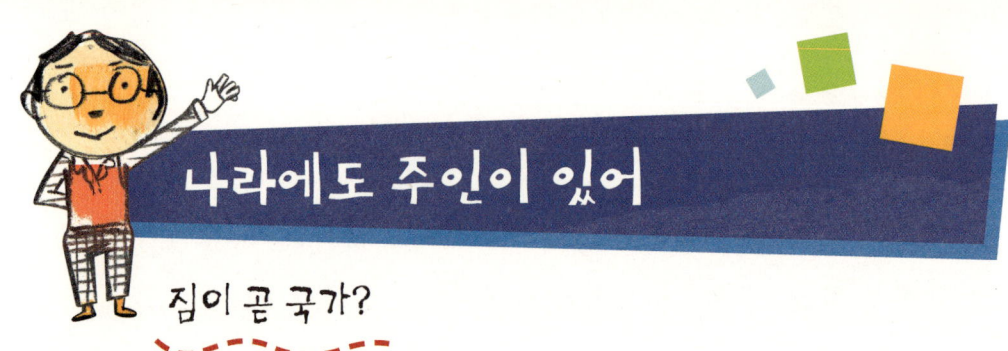

나라에도 주인이 있어

집이 곧 국가?

알림장, 교과서, 사물함, 신발장에도 주인이 있듯이 국가에도 주인이 있어요.

예전에는 국가의 주인은 왕이라고 생각했어요. 왕과 몇몇 힘이 센 귀족들이 나라를 마음대로 다스렸기 때문이에요. 이를 군주정치라고 한답니다.

하지만 오늘날에는 국가의 주인이 왕이라고 생각하지 않아요. 오늘날에는 국민이 나라의 주인이고, 국민이 뽑은 대표인 대통령, 국회의원 등이 나랏일을 해요. 오늘날에는 국가의 주인이 왕이 아닌 국민으로 바뀐 거랍니다.

< 민주정치와 군주정치 >

	민주정치	군주정치
국가의 주인	국민	왕(군주)
의사 결정 방법	국민의 대표가 국민의 뜻 반영	왕이 모든 것을 결정

이처럼 국민이 주인이 되어 나라를 다스리는 것을 민주정치라고 해요. 민주주의와 민주정치가 헷갈리는 친구도 있을 거예요. 차근차근 살펴보기로 해요. 민주주의는 나라의 주인인 국민이 나라를 다스려야 한다는 정신을 말해요.

이러한 정신을 정치 제도에 반영하는 것이 바로 민주정치예요. 즉 민주주의는 정신을, 민주정치는 제도를 뜻하는 거예요.

국민을 위한 정치, 민주주의

링컨이 미국 대통령이었을 때, 미국은 남과 북으로 나뉘어 전쟁을 하고 있었어요.

남과 북이 흑인 노예해방에 관한 생각이 서로 달랐기 때문이에요. 이 전쟁으로 수많은 군인들이 목숨을 잃었고, 1863년 케티스버그에 그들을 위한 묘지를 만들었어요. 그곳에서 링컨은 아주 유명한 연설을 했어요.

"살아남은 우리는 죽은 이들의 죽음을 헛되게 해서는 안 됩니다. 우리는 미국을 새로운 자유의 나라로 만들어야 합니다. 그리고 국민의, 국민에 의한, 국민을 위한 정치가 세상에서 사라지지 않도록 해야 합니다."

'국민의, 국민에 의한, 국민을 위한 정치'라는 말에 민주주의가 무엇인지 잘 설명하고 있어요.

> **핵심 포인트**
> 민주주의란 국민이 국가의 주인이 되어, 국민의 행복을 위해 정치를 하는 제도예요.

민주주의는 '국민의 정치'예요. 나라를 다스리는 모든 힘이 국민에게서 나오므로, 국가의 주인은 바로 국민이라는 뜻이에요.

민주주의는 '국민에 의한 정치'예요. 민주주의 국가에서는 국민이 스스로 정치에 참여해서 나라를 다스려요.

민주주의는 '국민을 위한 정치'예요. 민주주의는 국가의 주인인 국민의 행복을 위한 정치예요.

저는 링컨입니다!

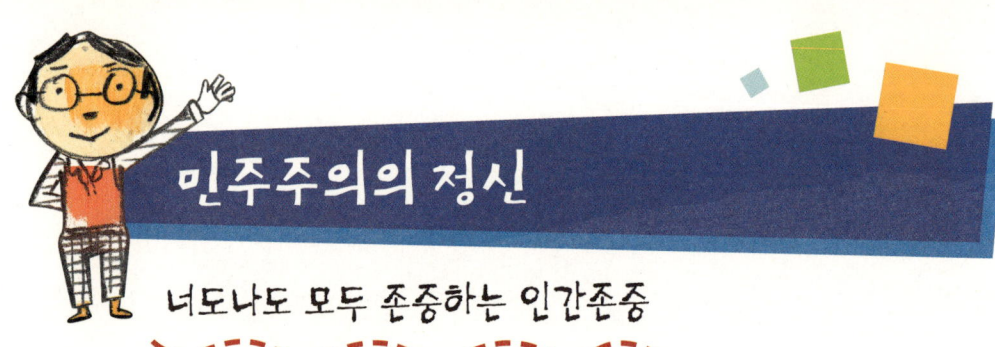

민주주의의 정신

너도나도 모두 존중하는 인간존중

민주주의는 국민이 주권을 갖고 나라를 다스리는 제도로 국민 모두를 귀하게 여기는 마음을 그 바탕으로 해요.

같은 반 친구들 중에는 수학을 잘하는 친구와 못하는 친구, 달리기를 잘하는 친구와 못하는 친구가 있어요. 하지만 수학 성적이 나빠도, 달리기에서 꼴찌를 해도 모두 우리 반 친구예요.

세상 사람들도 마찬가지예요. 남자와 여자가 있고, 가난한 사람과 부자가 있어요.

능력이 뛰어난 사람도 있고, 내세울 게 없는 사람도 있어요. 활동이 자유로운 사람도 있고, 몸이 조금 불편한 사람도 있어요. 비록 서로 조금 달라도 모두 소중해요. 사람이라는 이유 하나만으로 모든 사람들은 존중을 받아야 해요.

이처럼 남자와 여자, 부자와 가난한 사람, 능력이 있고 없고 관계없이, 모든 사람을 존중하는 것을 '인간존중'이라고 해요.

민주주의는 바로 '인간존중'의 정신을 밑바탕으로 하고 있어요. 그래서 남자든 여자든, 부자든 가난하든, 능력이 있든 없든지 간에 모두가 나라의 주인이 될 수 있는 거랍니다.

> **핵심 포인트**
> 성별, 종교, 피부색 등에 상관없이 사람이라는 이유만으로 존중하는 것이 인간존중이에요.

다른 사람의 자유도 소중해

모든 사람을 존중하는 것은 민주주의의 밑바탕이 되는 정신이에요. 그런데 모든 사람이 존중받기 위해서는 꼭 지켜져야할 것이 있어요. 바로 자유와 평등이에요.

자유란 다른 사람의 강요 없이 스스로 자기가 하고 싶은 것을 하는 것을 말해요. 스스로 직업을 선택할 수 있고, 살 곳을 마음대로 정할 수 있고, 어떤 종교를 믿을지 직접 결정하는 것 모두 자유가 있어서 가능한 거예요. 하지만 자유가 무조건 인정되는 것은 아니에요.

아침에 출근을 하려던 아빠가 집으로 다시 돌아왔어요. 누가 아파트 주차장 입구에 떡 하니 차를 세워 놓고 사람은 사라져 버린 거예요. 다른 차들이 주차장을 빠져 나갈 수 없게 말이에요.

아파트 관리사무소에서 여러 번 차 주

인을 찾는 방송을 했어요. 한참 만에 나타난 차 주인은 큰 소리로 이렇게 말했어요.
"내 맘대로 내 차를 주차할 자유가 있다구요."
하지만 차 주인은 자유를 잘못 알고 있는 거예요. 다른 사람에게 피해를 주는 것은 진정한 자유가 아니랍니다.

공정한 기회를 주는 평등

따뜻한 왕만두 4개가 있어요. 동생이랑 몇 개씩 나누어야 평등한 것일까요? 아마, 2개씩 나누어야 한다고 대답할 거예요. 하지만 한 번 더 생각해 보도록 해요. 동생은 점심도 못 먹어 너무 배가 고팠어요. 하지만 형은 이미 간식을 먹었어요.
그렇다면 똑같이 나누어 먹는 것과 배고픈 동생이 1개를 더 먹는 것 중 어느 쪽이 더 공평한 걸까요?

핵심 포인트
평등이란 누구든 똑같은 대우를 받아야 하는 것을 말해요. 하지만 사람마다 능력도 형편도 모두 달라요. 따라서 그에 맞는 공평한 기회를 주는 것이 진정한 평등이에요.

노르웨이는 양성평등이 잘 지켜지는 나라로 유명해요. 그러나 몇 해 전까지만 해도 회사 임원 중 여성 임원이 차지하는 비율은 높지 않았어요. 기업에서 여성을 임원으로 뽑지 않았기 때문이에요.

결국 2002년 노르웨이 정부는 회사 임원 10명 중에 4명을 여성으로 뽑아야 한다는 법을 만들었고, 현재 대부분의 회사가 정부가 정한 기준을 따르고 있어요.

평등이란 모두 똑같다는 뜻으로, 누구든 똑같은 대우를 받아야 하는 것을 말해요. 하지만 배가 고픈 동생과 임원이 될 기회가 적은 여성들처럼, 사람마다 능력도 형편도 모두 달라요. 따라서 그에 맞는 공평한 기회를 주는 것이 진정한 평등이에요.

민주주의를 지탱하는 네 가지 원리

국가의 주인은 국민(국민주권)

우리나라의 주인은 누구일까요?

우리나라 헌법에는 '대한민국의 주권은 국민에게 있고, 모든 권력은 국민으로부터 나온다'라고 적혀 있어요. 여기서 주권이란 나라를 다스리는 힘을 말해요. 대한민국은 '국민주권'을 실천하고 있음을 분명히 밝히고 있어요. '국민주권'이란 국가의 주인은 국민이라는 뜻이에요.

옛날에는 왕이 나라의 주인이라고 생각했어요. 그래서 왕이 마음대로 나라를 다스렸어요. 왕은 사치스런 생활을 위해 세금도 많이 걷고, 영토를 넓히고 싶은 욕심에 전쟁도 심심찮게 일으켰어요. 백성들은 아무리 힘들어도, 왕의 명령을 따를 수밖에

> **핵심 포인트**
> 주권이란 나라를 다스리는 힘을 말해요. 따라서 국민주권이란 '국가의 주인은 국민'이라는 뜻이에요.

없었답니다. 나라의 주인인 왕이 시키는 일이니까요.
하지만 지금은 국민이 나라의 주인이에요. 나라의 주인인 국민은 자신을 대표해서 나라를 다스릴 사람을 뽑아요. 대표들은 국민이 행복해질 수 있도록 열심히 일을 해야 해요.
민주주의는 국민의 행복을 위한 정치예요.

국민을 대신하는 대표를 뽑아 (대의제)

새 학년이 되면 학급 임원을 뽑는 것처럼 국가도 국민 한 사람 한 사람이 직접 나라를 다스릴 수 없기 때문에 국민의 뜻을 대신할 국민의 대표를 뽑아 나라를 다스려요. 이것을 '대의제'라고 해요.

대통령과 국회의원이라고 해서 자기 마음대로 나라를 다스릴 수 없어요. 백성이 나라의 주인인 왕의 명령을 따르던 것처럼, 대통령과 국회의원은 그들을 뽑아 준 나라의 주인인 국민의 뜻에 따라 일해야 해요.

대통령과 국회의원이 국민의 뜻에 따라 일하는 까닭은 무엇 때문일까요?

바로 국민주권 때문이에요. 국민주권이란 국민이 국가의 의사를 결정하는 권리를 말해

핵심 포인트
모든 국민이 직접 정치를 할 수 없기 때문에 국민의 뜻을 대신할 대표를 뽑아 나라를 다스리는 것을 대의제라고 해요.

요. '국가의 주인이 국민'이라는 국민주권의 원칙 덕분에 국민의 뜻에 따라 국가를 다스려요.
하지만 모든 국민이 직접 정치를 할 수 없기 때문에 국민의 뜻을 대신할 대표를 뽑아 나라를 다스리는 것이에요.

권력은 나눌수록 좋은 거야 (권력분립)

만약 반장 혼자서 반의 모든 일을 결정한다면, 체육 시간에 자기가 좋아하는 친구만 맨 앞줄에 세우거나, 학급 문고의 책을 정할 때도 반장이 좋아하는 책만 정하고, 청소 시간에는 싫어하는 친구만 청소를 시킬지도 몰라요. 하지만 체육부, 도서부, 환경부 등 각 부서가 나누어져 있으면 반장도 마음대로 할 수가 없어요.

한 사람이 모든 권력을 갖고 있으면, 옛날 왕이나 독재자처럼 뭐든 자기 마음대로 하기가 쉬워요.

이를 막기 위해서 나라도 권력을 나누었어요. 나라에서는 법을 만드는 국회(입법부), 나라의 살림을 맡은 정부(행정부), 법에 따라 옳고 그름을 판단하는 법원(사법부)으로 권력을 나누고 있어요. 대통령은 국회의 감시를 받고, 국회의원도 법을 어기면 법원에서 처벌을 받아요. 이렇게 권력을 나누어 갖는 것을 '권력 분립'이라고 해요.

법대로 해야 해(입헌주의)

축구 경기에서 옐로우 카드 2장을 받으면 퇴장을 당해요. 억울하다고 아무리 항의를 해도 어쩔 수 없어요. 축구 경기의 규칙이니까요.

옐로우 카드 외에, 다른 규칙들도 많아요. 11명의 선수가 전후반 45분씩 경기를 해요. 심한 반칙을 하면 옐로우 카드가 아닌 레드 카드를 받고 퇴장을 당하기도 해요.

축구 경기의 규칙은 국제축구연맹에서 만들었는데, 모든 축구 경기는 이 규칙을 따라요.

축구 경기를 할 때에 지켜야 할 규칙을 정해 놓듯이, 나라를 다스릴 때에도 지켜야 하는 것들을 법으로 정해 놓았어요.

민주주의를 위해 국민의 자

> **핵심 포인트**
> 민주주의를 위해 국민의 자유와 권리를 어떻게 보장할 것인지를 법으로 정해서 나라를 다스리는 것을 '입헌주의'라고 해요.

유를 어떻게 보장할 것인지, 국가 기관이 각각 맡아서 해야 할 일은 무엇인지 등을 법으로 정했어요. 그 중 가장 높은 법이 바로 헌법이에요. 이처럼 헌법을 바탕으로 법을 만들고, 그 법에 따라 나라를 다스리는 것을 '입헌주의'라고 해요.
'국민주권', '대의제', '권력분립', '입헌주의'는 민주주의를 만들어 가는 네 가지 원리예요.

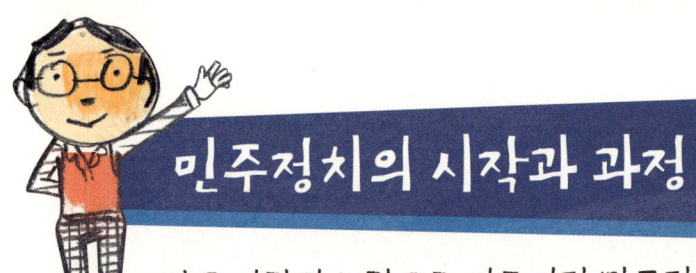

민주정치의 시작과 과정

많은 사람의 노력으로 이루어진 민주정치

'로마는 하루아침에 이루어지지 않았다' 는 말이 있어요.

천년 제국이라 불리는 로마는 어느 날 갑자기 영웅이 등장해서 막강한 힘을 가지게 된 것이 아니에요.

오늘날 당연하게 여겨지는 민주정치도 하루아침에 이루어 진 것이 아니에요. 나라의 주인이 왕에서 국민으로 바뀌기까지는 오랜 시간과 수많은 사람들의 희생이 필요 했어요. 민주주의하면 대표적인 나라로 떠오르는 영국, 프랑스, 미국도 마찬가지예요.

1688년 영국에서는 명예혁명이, 1775년 미국에서는 미국독립전쟁이 1789년 프랑스에서는 프랑스혁명이 일어났어요.

혁명이란 예전의 제도를 깨뜨리고, 새로운 것을 세우는 것을 말해요. 예전의 제도를 깨뜨리려면 많은 사람이 피를 흘릴 수밖에 없어요.

수많은 사람들의 희생 덕분에, 보다 많은 사람들이 인간은 존중받아야 한다는 사실을 깨닫게 되었어요. 그리고 이를 바탕으로 국민이 나라의 주인인 민주주의를 이루었어요.

우리나라의 민주정치

왕이 다스리던 대한제국이 멸망한 후, 우리나라는 일본의 식민 지배를 받게 되었어요.

우리나라는 1945년 8월 15일 일본으로부터 해방이 된 뒤에야, 민주주의의 첫발을 내딛었어요. 1948년에는 남한에서만 치른 선거이지만, 선거를 치러 대통령과 국회의원을 뽑고, 헌법도 만들었어요.

하지만 1960년, 당시 대통령이었던 이승만이 독재를 위해 부정선거를 하자, 온 국민이 이에 반대하는 시위를 했어요. 이것이 바로 '4·19 혁명'이에요.

하지만 4·19 혁명 이후에도 국민이 아닌 군인들이 나라를 다스리게 돼요.

⊙ 톡톡 맞춤 지식 ⊙

헌법에도 등장하는 4·19혁명

헌법에 등장하는 혁명에는 무엇이 있을까요? 대한민국 헌법에는 '불의에 항거한 4·19 민주이념'을 따른다고 적혀 있어요. 그만큼 4·19 혁명은 우리나라 민주정치에서 중요한 사건이에요.

국민들은 이에 반대하는 운동을 계속 펼치고, 1980년 '5·18 민주화운동'과 1987년 '6월 민주항쟁'을 거친 후에야 민주정치가 자리를 잡았어요.

비록 우리나라의 민주정치 역사는 짧지만 수많은 사람의 희생이 아니었다면 결코 민주주의를 이룰 수 없었을 거예요.

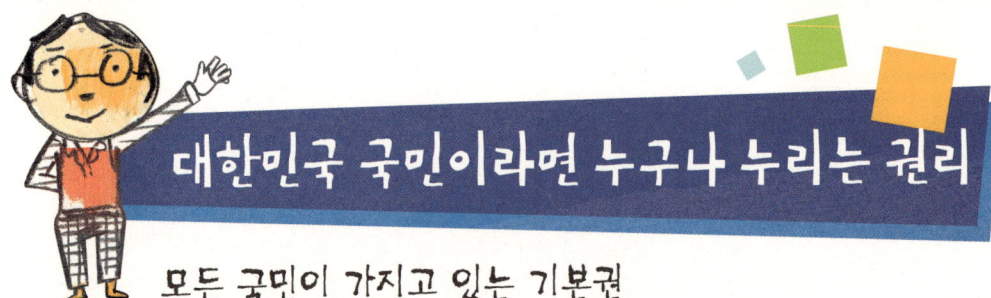

대한민국 국민이라면 누구나 누리는 권리

모든 국민이 가지고 있는 기본권

동화 〈인어공주〉는 왕자님을 사랑한 인어공주가 인간이 되고 싶었지만, 결국 사랑을 이루지 못하고 물거품이 되고 만다는 슬픈 이야기예요.

만약 인어공주가 인간이 되었다면, 특별한 권리를 받았을 거예요. 살아 있는 모든 생명은 소중하지만 특별히 우리나라 국민은 존중받을 권리와 행복을 추구할 권리가 법으로 보장되어요. 대한민국 헌법 제10조에는 '모든 국민은 인간으로서의 존엄과 가치를 지니며 행복을 추구할 권리를 가진다. 국가는 개인이 가지는 불가침의 기본적인

인권을 확인하고 이를 보장할 의무를 진다'라고 나와 있어요. 이것은 모든 국민은 인간이라는 이유만으로 존중받아야 하며, 자신의 행복을 추구할 권리를 갖고 있고, 이러한 권리가 해를 입지 않도록 국가가 지켜 줘야 한다는 뜻이에요.

이처럼, 대한민국 국민이라면 누구나 국민이 인간답게 살기 위해 꼭 누려야 할 기본적인 권리인 '기본권'을 가져요.

이때, 인간으로서 존엄성을 유지할 권리와 행복을 추구할 권리는 다른 기본권의 바탕이 되는 아주 중요한 권리랍니다.

> 모든 국민은 인간으로서 존엄과 가치를 지니며 행복을 추구할 권리가 있어요.
> 핵심 포인트

기본권의 종류

너도나도 존중받아야 해!(인간 존중권)

민지는 철규 때문에 화가 났어요. 철규가 조금 통통한 민지를 달리기를 못한다며 '꽃돼지'라고 놀렸거든요. 그리고 학교 누리집에 민지가 달리기하는 사진을 실은 거예요. 이 경우 철규는 민지가 인간으로서 존엄성을 유지할 권리를 침해했어요.

침해란 다른 사람의 권리에 해를 입히는 것을 말해요. 사람은 누구나 인간이라는 이유만으로도 존중을 받아야 해요. 따라서 다른 사람으로부터 함부로 무시를 당하지 않을 권리가 있어요. 또한 나의 사진이나 이름을 다른 사람이 마음대로 사용할 수도 없어요. 그리고 다른 사람의 생명을 함부로 빼앗을 수도 없어요. 이를 인간으로서 존엄성을 유지할 권리라고 해요.

행복할 권리가 있어요! (행복추구권)

수원이의 꿈은 만화가예요. 만화를 그릴 때가 가장 행복하거든요. 수원이가 그린 만화는 반에서도 재미있기로 유명해요. 수원이는 나중에 만화를 더 자세히 배울 수 있는 애니메이션 고등학교에 갈 거예요.
수원이는 언제 자기가 가장 행복한지 잘 알고 있어요. 그리고 그 행복을 이루기 위해 차근차근 계획을 세우고 노력을 한답니다.
수원이는 행복을 추구할 권리를 마음껏 누리고 있는 거예요.

너도나도 자유로워(자유권)

축구 선수가 되고 싶으면 축구 선수가, 선생님이 되고 싶으면 선생님이 될 수 있어요. 제주도에서 살고 싶으면 제주도에서, 부산에서 살고 싶으면 부산에서 살 수도 있어요. 기독교든, 불교든 자신이 믿고 싶은 종교를 믿을 수 있어요.

월급을 받아 선물을 사든, 저축을 하든 마음대로 할 수 있어요. 멋진 이야기를 책으로 낼 수도 있고, 뜻이 맞는 사람들과 단체를 만들어 모임을 가질 수도 있어요.

국민이 어떤 직업을 갖든, 어디서 살든, 어떤 책을 내든, 어떤 종교를 믿든지 국가가 나서서 이러쿵저러쿵 간섭할 수 없어요. 왜냐하면 모든 국민은 자유권이 있기 때문이에요.

자유권이란 국가의 간섭을 받지 않고 자유를 누릴 수 있는 권리예요. 그런데 자유권 중에서도 가장 중요한 것이 있어요. 바로 신체의 자유예요. 국가라고 하더라도 법에 의하지 않고 함부로 사람을 가둘 수 없어요.

만약 법에 의해 체포를 했을지라도, 사람을 때리는 등 신체에 해를 입혀서는 절대 안 돼요.
국민의 기본권은 말 그대로 가장 기본적인 권리예요. 하지만 제대로 알고 있어야 제대로 누릴 수 있답니다.

차별받지 않을 권리 (평등권)

잔칫날, 아침부터 마을이 들썩거려요. 콩쥐는 잔치에 너무 가고 싶지만 갈 수가 없어요. 벼 석 섬도 말려서 찧고, 베도 짜야 해요. 새어머니가 일을 잔뜩 시켰거든요.

동화대로라면 선녀와 참새가 나타나 콩쥐 대신 일을 해 주어야 해요. 하지만 콩쥐는 선녀와 참새 대신 스스로 문제를 해결하기로 했어요.

"어머니! 왜 자꾸 팥쥐랑 저를 차별하시는 거예요?"

"그걸 몰라? 넌 내 친딸이 아니잖아. 그러니까 차별하는 건 당연하지."

콩쥐는 당당하게 말했어요.

"어머니! 저는 그 어떤 이유로도 차별을 받지 않을 권리가 있어요. 만약, 자꾸만 저를 차별하시면, 원님에게 당장 달려가서 어머니가 저의 권리를 침해한다고 알릴 거예요."

깜짝 놀란 새어머니는 마지못해 콩쥐를 데리고 잔치에 갔답니다. 어때요? 당당하고 멋진 콩쥐이지요? 콩쥐는 모든 국민은 법 앞에서 평등하다는 것을 깨달았어요. 그리고 자신의 권리인 평등권을 지킨 거예요.

평등권이란 성별, 종교, 직업 등에 의해 차별을 받지 않을 권리를 말해요.

평등권은 민주정치에서 꼭 지켜져야 할 기본적인 권리랍니다.

국가의 일에 참여해(참정권)

미영이가 3학년 4반이 되고 처음 열리는 학급 회의 시간이에요. 학급 회의 시간에 반장도 뽑아야 하고, 급훈도 정해야 해요. 미영이는 반장 후보로 나설 수도 있고, 후보로 나온 친구들 중 반장이 될 친구를 뽑을 수도 있어요. 그리고 급훈을 정하는 데 투표도 할 수 있어요.

그런데 미영이 뿐만 아니라, 4반 친구들 모두 똑같은 권리를 갖고 있어요. 왜냐구요? 3학년 4반의 주인은 미영이와 친구들이니까요.

국가의 주인은 국민이에요. 따라서 모든 국민은 정치에 참여할 수 있는 권리를 갖고 있어요. 이를 참정권이라고 해요.

국민이라면 국민의 대표인
대통령, 국회의원 등을 뽑는
선거에 참여할 권리가 있고,
선거를 통해 대통령 혹은
국회의원이 될 수 있는
권리도 있어요.
또 헌법을 고치거나 국가의
중요한 일을 결정할 때에는 국민의 의견을 알리는 국민투표를
할 수도 있어요.
국가의 주인인 국민이 자신의 의견을 분명하게 밝힐 때, 국민을 위한 정치가 이루어져요. 따라서 국민이 행복한 나라를 만들려면 국민 모두가 꼭 참정권을 지켜야 해요.

인간다운 생활을 누려 (사회권)

장 발장을 아나요?

장 발장은 무척 가난해서, 빵을 사 먹을 돈조차 없었어요. 어느 날 그는 배가 너무 고파서 빵 한 조각을 훔쳤어요. 그는 그 죄로 19년 동안이나 감옥살이를 해야만 했어요.

만약 장 발장이 오늘날에 살았다면 배고픔을 잊기 위해 여전히 빵을 훔쳐야 했을까요? 정답은 '훔치지 않아도 된다' 예요. 장 발장처럼 가난해서 인간다운 생활을 할 수 없는 경우, 국민은 국가에 생활비를 지원해 달라고 요구할 권리가 있기 때문이에요. 국민이 인간다운 생활을 위해 필요한 것을 국가가 보장해 주는 것을 사회권이라고 해요.

장 발장은 1862년에 나온 소설 〈레미제라블〉의 주인공인데, 그때에는 사회권이 없었어요. 법으로

> **핵심 포인트**
> 사회권은 국민이 인간다운 생활을 할 수 있도록 필요한 것을 국가가 보장해 주는 제도예요.

사회권을 보장받기 시작한 것은 얼마 되지 않거든요. 빵 한 조각에 19년 동안 감옥살이를 해야만 했던 수많은 장 발장들의 억울함이 쌓여 사회권이 생겨난 거예요.

사회권에는 생활비 지원 요청, 국민이 교육을 받을 권리, 일할 권리, 쾌적한 환경에서 생활할 권리가 있어요.

국가는 이런 국민의 권리를 보장하기 위해 노력해야 해요.

국가에게 당당히 요구해(청구권)

기본권은 국민이라면 누구나 누리는 권리로 국가는 이를 보장해 주어야 해요. 하지만 때로는 기본권이 침해당할 수 있어요. 이때 국민은 그에 대한 대책을 세워 달라고 국가에게 요구할 권리가 있는데, 이것이 바로 청구권이에요.

춘향이는 지은 죄도 없이 옥살이를 했어요. 만약, 춘향이가 청구권을 갖고 있었다면 이야기는 어떻게 달라졌을까요?

춘향이는 옥에서 나온 후, 너무너무 억울해서 잠도 잘 수 없었어요. 그래서 감옥에 있는 동안의 손해를 보상해 줄 것을 국가에 요구했어요. 당연히 국가는 그 손해를 보상해 주었어요.

이번에는 비단 장수이야기예요. 비단을 몽땅 잃어버린 비단 장수는 원님을 찾아가 하소연을 해요. 그러자 원님은 망부석이 비단을 훔쳤다며 재판정에 세웠고, 원님의 지혜로 사라진 비단을 몽땅 되찾았어요.

망부석 재판처럼 어떤 문제가 생겼을 때 재판을 신청하는 것도 청구권이에요.

그 밖에도 새로운 법을 만들어 달라거나, 있는 법을 없애 달라거나, 잘못을 저지른 공무원을 처벌해 달라고 요청하는 것도 모두 청구권에 속한답니다.

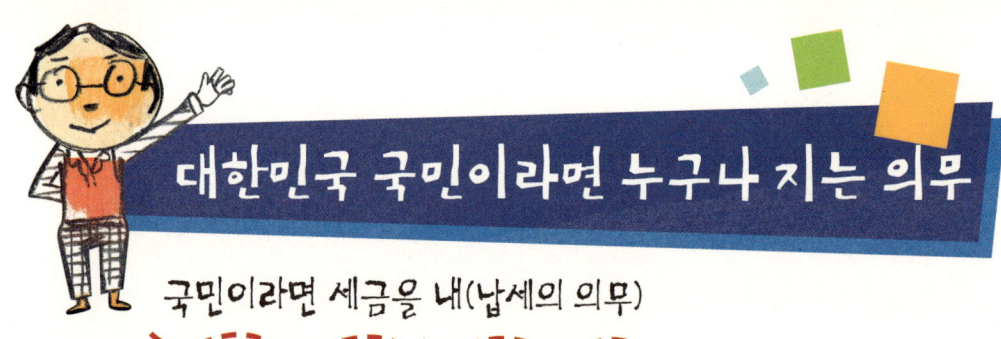

대한민국 국민이라면 누구나 지는 의무

국민이라면 세금을 내(납세의 의무)

미영이네 집 앞 횡단보도에 신호등이 새로 생겨서 길을 건널 때 더욱 안전하게 건널 수 있게 되었어요. 깨진 보도블록도 말끔하게 다시 깔았어요. 길이 울퉁불퉁해서 무릎을 여러 번 다쳤는데, 이제 마음껏 뛰어다녀도 되어요.

미영이와 친구들은 학교에서 점심을 공짜로 먹어요. 급식비를 내지 않아도 되기 때문이에요. 동네에 새로 생긴 도서관에서 책을 빌려 볼 수도 있어요.

국가는 국민의 행복을 위해 이런 일들을 해요. 하지만 이 모든 일에는 돈이 필요해요. 국가는 국민들이 내는 세금으로 나라 살림을 꾸려 나가요. 물론, 세금을 얼마만큼 낼지는 법으로 정해져 있어요. 국가 마음대로 걷어서는 안 되니까요.

세금은 어른들만 내는 것이라고 생각하기 쉬워요. 하지만 그렇지 않아요. 여러분도 세금을 낸답니다. 과자와 우유에도 모두 세금이 포함되어 있거든요. 여러분도 과자를 사 먹으면서 납세의 의무를 실천하고 있는 거랍니다.

이처럼 납세의 의무란 나라 살림에 필요한 돈을 국민의 세금으로 채우는 것을 말해요. 내가 낸 소중한 세금으로 나라에서는 우리가 더 편리한 생활을 할 수 있도록 여러 곳에 사용해요.

국민이라면 학교에 가야 해 (교육의 의무)

대한민국 국민은 교육을 받을 권리가 있는 동시에, 교육을 받을 의무도 있어요. 교육은 '나'의 발전과 국가의 발전을 위해 꼭 필요해요. 그래서 교육은 권리도 되고 의무도 되는 거랍니다. 무슨 말인지 헷갈린다구요?

국민의 기본권 중 사회권에는 국민이라면 누구나 교육을 받게 해 달라고 국가에 요청할 수 있다고 되어 있어요. 따라서 국가는 누구나 돈을 내지 않고 일정한 교육을 받을 수 있는 제도를 마련했어요. 바로 의무 교육이에요.

이를 국민의 의무로 다시 설명하면, 돈을 내지 않고 교육을 받을 수 있으므로 국민은 당연히 학교에 다녀야 한다는 뜻이에요.

국민이라면 일해야 해 (근로의 의무)

근로의 의무란 나라의 발전을 위해 모든 국민은 일을 해야 한다는 뜻이에요. 국민은 자신의 행복뿐만이 아니라, 나라의 발전을 위해 일해야 해요. 일을 하지 않으면 돈을 벌 수 없고, 점점 가난해져요. 국민 한 사람 한 사람이 가난하면, 결국엔 국가도 가난해지고 말아요. 따라서 국민이라면 누구나 자신의 능력과 적성에 맞는 직업을 찾아 일을 해야 할 의무가 있어요.

나라를 지켜야 해 (국방의 의무)

국방의 의무라고 하면, 대부분 군인 그리고 남자를 떠올려요. 그래서 국방의 의무는 남자만 지켜야 하는 의무라고 생각하기 쉬워요. 과연 그럴까요?

국방의 의무란 다른 나라의 침입으로부터 나라를 지킬 의무를 말해요. 따라서 남자든 여자든 대한민국 국민이라면 누구나 나라를 지켜야 하는 의무예요.

나라가 위험에 처했을 때 국가를 위해 일하는 것뿐만 아니라, 자기가 생활하는 곳에서 열심히 맡은 일을 하는 것도 국방의 의무를 다하는 것이에요.

이 밖에도 깨끗한 환경을 지키기 위해 노력해야 할 '환경 보전의 의무', 자기 재산이라고 할지라도 다른 사람들에게 피해를

주지 않도록 사용해야 한다는 '재산권 행사의 의무'도 있어요.

권리와 의무는 동전의 앞뒷면과 같아요. 권리를 주장하는 만큼 의무도 지켜야 해요.

국민은 국가에게 권리만 누리겠다고 주장할 수도 없고, 국가는 국민에게 의무만 지키라고 할 수도 없어요.

국가는 국민이 누리는 권리를 보장해야 하고, 국가의 발전을 위해 국민은 의무를 지켜야 해요.

권리와 의무가 서로 균형을 이룰 때, 국가는 발전하고 국민은 행복해져요.

우리 모두 누려야 할 인권

자유·존엄·평등을 외친 세계인권선언

여러분은 언제 자유롭다고 생각하나요?

현이는 놀이터에서 뛰어놀 때, 탁이는 잠들기 전 상상의 나래를 펼칠 때가 가장 자유롭다고 생각해요. 엄마의 잔소리를 듣기도 하지만, 사실 두 친구는 하루 종일 자유롭게 지내요. 왜냐하면 두 친구는 태어날 때부터 인권을 가지고 태어났거든요.

인권이란 사람이라면 누구나 태어나면서부터 저절로 갖는 권리예요.

하지만 제2차 세계대전을 겪으면서 많은 사람들이 처참하게 죽고 인간의 존엄성이 철저하게 짓밟혔어요. 때문에 1948년 여러 나라가 머리를 맞대고

핵심 포인트
인권이란 사람이라면 누구나 갖는 권리로, 세계인권선언 제1조에는 '모든 사람은 태어날 때부터 자유롭고, 존엄하며, 평등하다' 라고 밝히고 있어요.

인권에 대해 논의하고 세계인권선언을 발표했어요.

세계인권선언 제1조에는 '모든 사람은 태어날 때부터 자유롭고, 존엄하며, 평등하다'라고 적혀 있어요. 이것은 모든 인간은 자유롭고, 존엄하며, 평등하다는 것을 분명히 밝히는 것이에요.

인종, 피부색, 성, 종교 등 그 어떤 이유로도 차별받지 않고, 인간으로서의 권리와 자유를 누려야 한다는 것을 꼭 기억해야 해요.

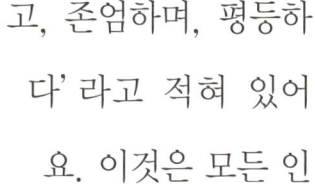

다르니까 더욱 특별하게

인권은 인간다운 세상을 만들어 주는 열쇠예요. 나의 인권뿐만 아니라, 상대방의 인권도 보장해 주어야 해요. 그런데 보다 적극적으로 인권을 보장받아야 할 사람들이 있어요.

아프리카 등의 저개발 국가에서는 경제적, 사회적 이유로 사람들이 기아, 질병, 정부의 독재 등의 문제에 시달리고 있어요. 아프리카의 커피 농장에는 많은 어린이들이 노예처럼 일하고 있어요. 커피 농장 어린이들은 집이 가난하고 반항할 힘이 없다는 이유로, 아주 적은 돈을 받고 온종일 일해요. 그들에게 인권은 아주 먼 나라 이야기예요.

장애인도 마찬가지예요. 몸이 조금 불편하다는 이유로, 학교를 다니거나 직업

> **핵심 포인트**
> 아동, 여성, 장애인, 외국인 근로자, 노숙인 등은 사회적으로 힘이 없고 약한 사람들이에요. 따라서 그들의 인권은 더욱 적극적으로 보장해 주어야 해요.

을 얻는 데 많은 차별을 받아요. 공부하고 돈 벌 기회를 잃는 것은 인간답게 살아갈 기회를 잃는 거예요.

외국인 근로자의 인권에도 관심을 가져야 해요. 외국인 근로자 중에는 법에 대해 잘 모르는 탓에, 월급을 떼이는 등 억울한 일을 당하는 경우가 많아요. 피부색과 언어가 우리와 다르다고 해서, 그들을 함부로 대하거나 차별을 해서는 안 돼요.

아동, 여성, 장애인, 외국인 근로자, 노숙인 등은 사회적으로 힘이 없고 약한 사람들이에요.

그들이 인권을 마음껏 누릴 수 있도록 특별한 관심을 갖고 도와주어야 해요.

정치, 나도 할래!

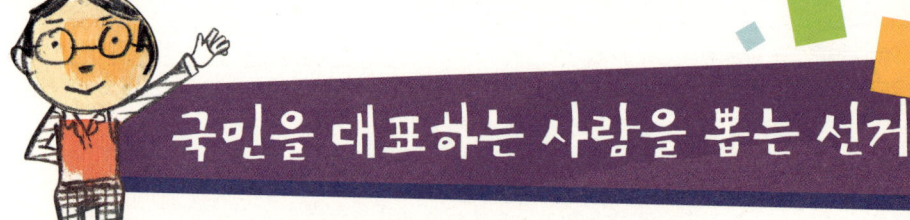
국민을 대표하는 사람을 뽑는 선거

고대 아테네 시민, 선거를 시작하다!

선거를 맨 처음 한 사람들은 고대 그리스의 아테네 시민들이에요. 그들은 조개껍데기나 도자기 조각에 정치적으로 위험한 인물이 될 사람의 이름을 적는 도편추방제를 실시했는데, 이것이 선거의 시작이에요.

옛날에는 아테네에 살고 있는 사람이 얼마 되지 않았기 때문에, 시민 모두가 정치에 직접 참여할 수 있었어요. 이를 '직접민주주의'라고 해요.

하지만 오늘날은 사람들이 많아서 모든 사람이 한자리에 모여 의견을 하나로 모으는 것은 거의 불가능해요. 그래서 국민의 대표를 뽑아 정치를 하는 '간접민주주의'가 생겼어요.

선거는 민주주의의 꽃이에요. 국민이 정치에 참여한다는 점에서 아주 중요하거든요. 비록 국민이 직접 정치를 하지는 않지만, 투표소에서 자신의 뜻을 나타낸다는 것만으로도 정치에 참여하는 것이니까요.

게다가 선거를 통해 내가 뽑은 대표자를 평가할 수도 있어요. 지난 선거에 뽑아 준 국회의원이 국민의 뜻을 제대로 따르지 않았다면, 이번에는 다른 사람을 뽑을 테니까요.

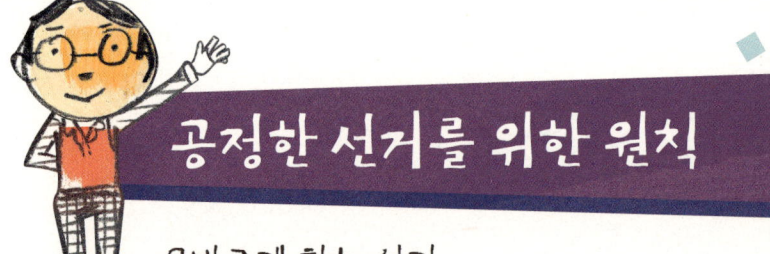

공정한 선거를 위한 원칙

올바르게 하는 선거

선거는 국민의 대표를 뽑는 과정이에요. 따라서 공정하게 선거를 치러야 해요. 그렇다면 '공정하다' 는 뜻은 무엇일까요?
소윤이네 이모가 여행 선물로 초콜릿을 사왔어요. 그런데 이모는 동생이 남자라는 이유로, 동생에게 더 많은 초콜릿을 주었어요. 소윤이는 이모에게 크게 소리쳤어요.
"이건 너무 공정하지 않아요!"
공정하다는 말은 한 쪽에 치우침이 없이 올바른 것을 말해요.
선거도 어느 한 쪽에 치우치지 않고 올바르게 진행되어야 해요.
이를 위해 네 가지 선거 원칙이 있어요.

너, 나, 우리 모두, 누구나! (보통선거)

공정한 선거를 위한 첫 번째 원칙은 바로 보통선거예요.
소윤이네 반 반장 선거날이에요. 만약, 반장 선거에서 남자들만 투표를 한다면 공정한 선거일까요?
이번에도 소윤이는 큰 소리로 외쳤어요.
"공정하지 못해요!"
남자들만 선거를 하면 소윤이 뿐만이 아니라, 반 친구들 모두 공정하지 못한 선거라고 생각할 거예요. 반 구성원이라면 누구나 투표를 할 수 있어야 하니까요.
보통선거란 재산, 신분, 성별, 교육 등에 상관없이 성년이 되면 누구나 선거를 할 수 있는 권리를 갖는 것을 말해요.

국민이라면 누구나 선거할 수 있어.

너도 한 표, 나도 한 표!(평등선거)

두 번째 원칙은 바로 평등선거예요.

소윤이네 반 반장 선거는 이상한 일이 계속되어요. 이번에는 남자는 2표, 여자는 1표를 가질 수 있다는 거예요. 또 줄넘기를 잘하는 친구는 3표, 그렇지 못한 친구는 1표를 가질 수 있어요. 여자인데다가 줄넘기도 못하는 소윤이는 2표를, 남자이면서 줄넘기도 잘하는 짝은 5표나 갖게 되었어요.

평등선거란 재산, 신분, 성별, 교육 등에 상관없이 한 사람이 한 표씩만 갖는 것을 말해요.

자신이 직접!(직접선거)

소윤네 반장 선거는 아직도 그 소동이 끝나지 않았어요. 감기에 걸린 혜영이가 민구에게 자기 대신 투표를 해 달라고 부탁을 했어요. 두 친구는 선거 원칙을 어기는 행동을 한 거예요. 공정한 선거를 위한 세 번째 원칙은 직접선거예요.

직접선거란 자신이 직접 투표를 하는 것을 말해요. 병원에 입원했거나, 해외 출장 중인 가족을 대신해서 투표를 할 수 없어요. 자신의 투표는 본인이 직접 해야 한답니다.

쉿, 비밀이거든!(비밀선거)

드디어 소윤이네 반은 투표가 시작되었어요.

하지만 아직도 소란은 끝나지 않았어요. 글쎄, 반장 후보로 나온 동혁이가 투표용지에 적는 방법 말고, 손을 들어서 투표를 하자네요. 소윤이는 걱정이 되었어요.

만약 동혁이를 반장으로 뽑아 주지 않으면, 힘센 동혁이가 소윤이를 괴롭힐까봐 말이에요. 친구들도 여기저기서 투덜거리기 시작했어요.

다행히 선생님께서 투표용지에 이름을 적는 방법으로 투표를 하라고 하셨어요. 소윤이는 정말 기뻤어요. 누가 누굴 적었는지 비밀로 해야 내가 뽑고 싶은 사람을 뽑을 수 있으니까요.

공정한 선거를 위해

지켜야 할 마지막 원칙은 바로 비밀선거예요.

소윤이네 반 반장 선거에서 투표용지에 이름을 적은 것처럼 비밀선거란 누구를 찍었는지 다른 사람이 알지 못하게 하는 것을 말해요. 그래야만 자기 마음대로 투표를 할 수 있으니까요.

선거는 우리의 대표자를 선출하는 제도로 민주주의 국가의 발전에 중요한 영향을 주어요.

투표할 수 있는 유권자들은 올바른 판단으로 소중한 한 표를 행사해야 해요.

> **핵심 포인트**
> 비밀선거란 누구를 찍었는지 다른 사람이 알지 못하게 하는 것을 말해요.

선거관리위원회

선거에 관련된 모든 일을 담당하는 곳

"선거관리위원회가 큰 도움이 되었어."

소윤이네 시에서는 시장 선거가 있었어요. 시장 선거는 시민을 대신해서 일을 할 대표를 뽑는 거예요. 이번에 선거관리위원회가 시장 선거에 관련된 일을 맡아 했다고 해요.

선거관리위원회는 대통령, 국회의원 등의 선거를 관리하는 중앙선거관리위원회와 시장 선거, 군수 선거 등 각종 단체의 장을 선출하는 선거관리위원회가 있어요.

중앙선거관리위원회는 대통령, 국회의원 선거, 국민투표의 공정한 관리, 정당에 관한 일을 하기 위해 만들어진 국가 기관이에요.

후보자들의 후보 등록을 받고, 투표소를 설치하고, 개표를 하는 등

선거에 관련된 모든 일을 담당하고 있어요. 또한 후보자들이 밥을 사 주거나 돈을 주면서 자신을 찍어 달라고 하는지, 상대방 후보를 마구 헐뜯는지 꼼꼼히 살펴본답니다. 공정한 선거를 위해 법에 어긋나는 모든 행동에 대한 감시를 늦추지 않아요. 선거관리위원회는 기표대(투표용지에 표시를 하는 곳), 투표함(표시한 투표용지를 넣는 함)등 선거 장비를 빌려 주고, 때로는 이런 선거들을 직접 관리하기도 한답니다.

정당을 통해 정치에 참여하기

꼼꼼히 살피기와 꼭 투표하기

국회의원 선거 기간, 후보자들의 커다란 사진이 있는 포스터가 마을 곳곳에 걸려 있어요.

벽보를 가만히 살펴보면, 'ㅇㅇ당', '◇◇당', '△△당' 등이 적혀 있는데, 이것이 바로 정당이랍니다.

정당이란 정치에 대한 의견을 같이 하는 사람들이 모여서 만든 단체로, 정치권력을 행사하기 위해 만들어졌어요. 나라를 다스릴 힘을 정치권력이라고 해요.

선거 기간이면 어깨에 'ㅇㅇ당' 등의 띠를 두르고 길거리에서 자신이 지지하는 후보를 알리기 위해 애쓰는 어른들을 쉽게 만날 수 있어요. 어른들은 자기가 지지하는 당의 후보가 국회의원으로 뽑힐 수 있도록, 구호를 외치며 아주 열심히 선거운동을 해요.

이렇게 마음에 드는 정당의 당원이 되거나, 선거운동에 참여하는 것 등은 정당을 통해 정치에 참여하는 방법이에요.

그런데 '정당' 하면 꼭 기억해야 할 것이 있어요. '꼼꼼히 살피기'와 '꼭 투표하기'예요.

각 정당은 서로 의견이 다르기 때문에 후보자가 내세우는 정책 또한 서로 달라요. 내 의견을 대신해 줄 대표를 뽑으려면, 후보자들의 정책을 꼼꼼히 살펴야 해요. 그리고 반드시 투표를 해야 해요. 정책을 살펴만 보고 투표하지 않으면 아무런 소용이 없거든요. '꼼꼼히 살피기'와 '꼭 투표하기'를 잊지 마세요.

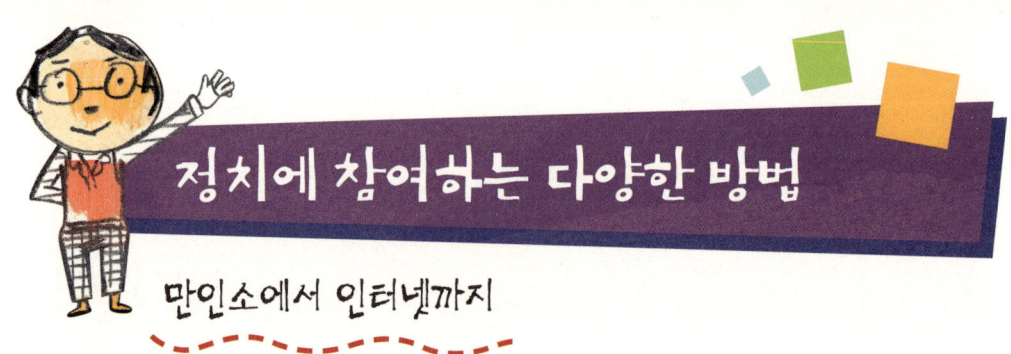

정치에 참여하는 다양한 방법

만인소에서 인터넷까지

내가 왕이라고 상상해 보세요.

어느 날, 왕에게 누가 100미터나 되는 긴 글을 보냈다면 어떤 생각이 들까요? 그것도 보낸 사람이 1만 명이 넘는다면 말이에요. 여러분이 아무리 고집불통 왕이라 할지라도 움찔할 거예요. '어? 내가 나라를 잘못 다스렸나?' 하면서요.

조선 시대의 선비들은 왕에게 글로 자신의 의견을 말했어요.

이를 상소라고 하는데, 상소는 조선 시대 선비들이 정치에 참여하는 한 방법이었어요. 그 중에는 그 길이만 100미터나 되는 것도 있는데, 1만 명이 넘는 선비가 함께 올려 만인소라고 부른답니다.

오늘날에는 모든 사람이 선거, 언론, 인터넷, 시민단체 활동, 정당 활동 등 다양한 방법으로 정치에 참여할 수 있어요. 그 중에서도 국민이라면 꼭 기억해야 할 방법이 있어요. 바로 선거예요.

선거는 아주 중요한 정치 참여 방법이에요. 국민을 대신해서 나라를 다스릴 대표를 뽑는 거니까요. 따라서 국민이라면 누구나 선거에 참여해야 해요.

핵심 포인트
옛날에는 상소 등의 방법으로 정치에 참여했으나, 오늘날에는 선거, 언론, 인터넷, 시민단체 활동 등의 방법으로 정치에 참여해요.

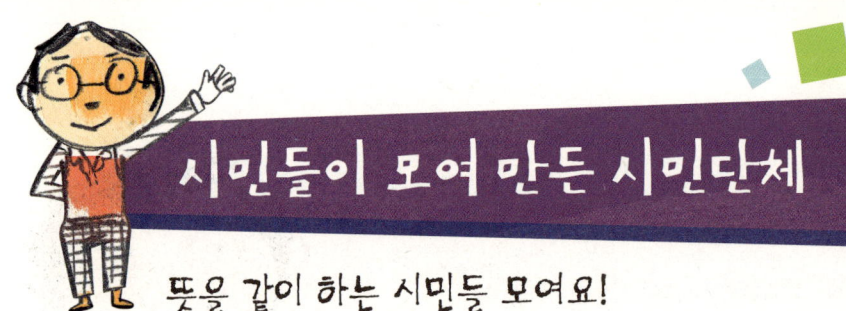
시민들이 모여 만든 시민단체

뜻을 같이 하는 시민들 모여요!

"오늘도 오이 왔어?"

은혁이는 수요일 저녁이 제일 신나요. 엄마가 '우리텃밭'에 회원으로 가입한 이후로 수요일이면 시골 텃밭에서 딴 오이, 상추 등이 담긴 꾸러미를 받기 때문이에요.

'우리텃밭'은 우리나라에서만 자라는 야채, 곡식과 그 씨앗을 보호하는 운동을 펼치는 시민단체예요.

은혁이네는 토종종자보존 운동에 참여하는 등 생활 속에서 활발한 정치 참여를 하고 있답니다.

은혁이네와 정치 참여가 무슨 관계냐구요?

시민단체란 뜻을 같이 하는 사람들이 모여 만든 단체를 말해요. 이때, '시민'이란 서울시민, 부산시민, 광주시민처럼 시에서 사는 사람을 뜻하는 게 아니라, 국민을 말해요.

시민단체는 개인의 이익이 아닌 시민의 이익을 위해 활동하는

데, 때로는 정부의 정책에 시민단체의 의견이 반영되기도 해요. 따라서 시민단체 활동은 선거와 더불어 국민이 정치에 참여하는 중요한 방법 중 하나예요.

실제로 '환경운동연합', '참여연대', '희망제작소', '문화연대', '녹색연합' 등 여러 시민단체들이 환경, 경제, 정치, 여성 등 다양한 분야에서 활발하게 활동하고 있답니다.

인터넷으로 하는 정치 참여

인터넷으로 할 수 있는 일에는 온라인 게임하기, 이메일 보내기, 궁금한 정보 찾기, 은행일 처리하기 등 아주 많은 것들이 있어요. 이렇게 바쁜 인터넷이 아주 중요한 일을 하나 더 맡았어요. 바로 정치 참여예요.

지훈이네 엄마는 '깐깐이 아줌마'로 유명해요. 골목 앞 가로등의 전구가 고장이 나면, 바로 구청 누리집으로 달려가 글을 올린답니다. 전구를 바꾸어 달라고 말이에요.

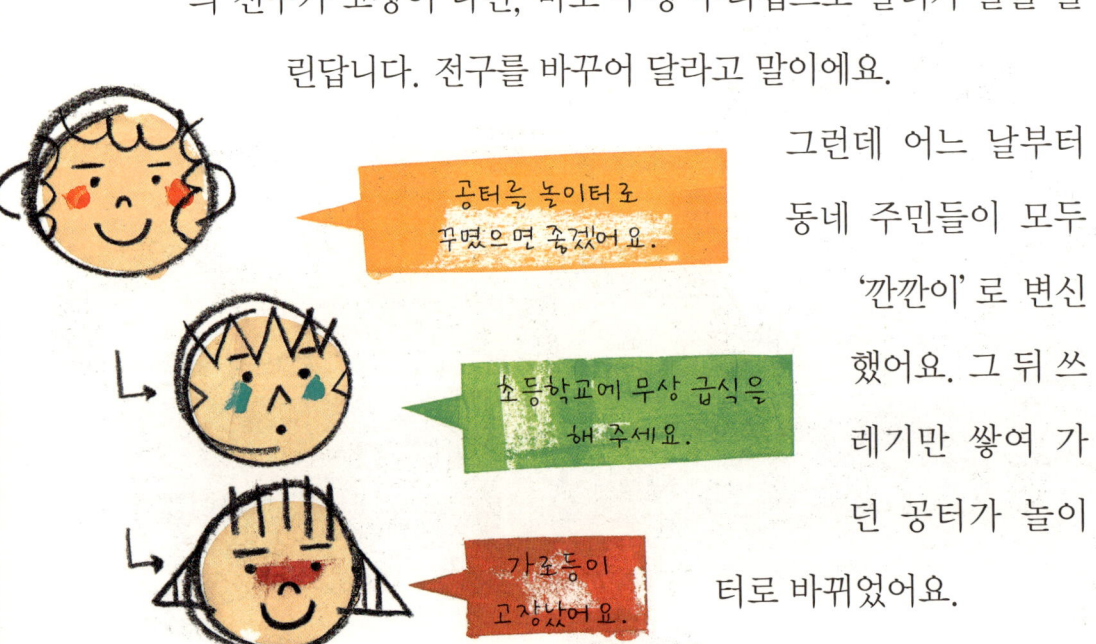

그런데 어느 날부터 동네 주민들이 모두 '깐깐이'로 변신했어요. 그 뒤 쓰레기만 쌓여 가던 공터가 놀이터로 바뀌었어요.

주민들이 놀이터에 관한 설문 조사를 하고, 구청 누리집에 글을 올리고, 구청의 답변에 댓글을 다는 등 적극적인 활동을 한 결과예요.

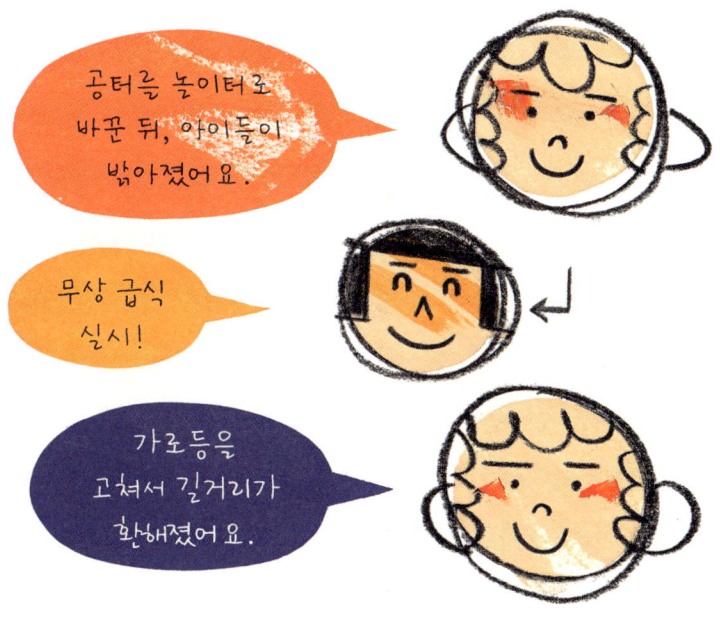

깐깐이 주민들처럼 시청 혹은 구청의 누리집을 방문해, 자신의 의견을 솔직하게 말하는 것이 바로 정치 참여예요.

시청, 구청뿐만이 아니라, 국회의원의 홈페이지, 행정부와 청와대 등의 누리집을 방문해서 여러분의 생각을 속 시원하게 말할 수도 있어요.

또 방송국이나 신문사의 누리집에도 국가의 중요한 문제에 대한 자신의 생각을 밝힐 수 있어요.

깐깐시민이 되자!

호랑이가 제일 무서워하는 것은? 바로 곶감이에요.
그렇다면 대통령과 국회의원 같은 정치인이 가장 무서워하는 것은? 바로 국민이에요. 국민의 투표로 대통령도 되고 국회의원도 될 수 있으니까요. 그런데 정치인들은 자신이 국민의 대표이고, 국민을 위한 정치를 해야 한다는 것을 깜빡깜빡 잊어요. 그래서인지 국민을 그리 무서워하지 않아요. 대충대충 일을 하다가, 선거 때만 되면 국민을 위해 일하겠다며 허리를 굽히니까요.

그렇다면 우리는 이런 정치인을 위해 무엇을 해야 할까요?
우리 모두 깐깐한 '깐깐시민'이 되어야 해요.

'깐깐시민'의 첫 번째 임무는 반드시 투표하기예요. 누구를 국회의원으로, 시장으로, 대통령으로 뽑을지 꼼꼼히 따져 보고 투표를 해야 해요. 또 투표 후에는 그들이 제대로 일하고 있는지 두 눈을 동그랗게 뜨고 지켜봐야 한답니다.

'깐깐시민'의 두 번째 임무는 시민단체에서 활동하기예요. 시민단체는 분야별로 그 종류가 다양해요.

환경 시민단체, 경제 시민단체, 청소년 관련 시민단체, 문화 시민단체 등 자신이 관심 있는 분야의 시민단체에서 적극적으로 활동하는 것도 '깐깐시민'이 되는 한 방법이에요.

막강 정치 기구를 가려라!

나라를 이끄는 입법부, 행정부, 사법부

서로 견제하고 감시하는 삼권분립

나라를 이끌어 가는 세 개 기관은 무엇일까요?

국회(입법부), 정부(행정부), 법원(사법부)이에요. 국회는 법을 만들고, 정부는 나라 살림을 맡고, 법원은 법에 따라 옳고 그름을 판단하는 일을 해요. 이렇게 국가의 권력을 세 기관이 나누어 갖는 것을 삼권분립이라고 해요.

삼권분립 덕분에 세 기관은 국민을 위해 열심히 일할 수 있어요. 권력분립이 '견제와 감시'라는 특효약을 만들거든요. 국회에서 잘못된 법을 만들면 정부에서 이를 거부할 수 있어요.

반대로 정부에서 일을 잘못하면 국회에서는 이를 따질 수 있어요. 마찬가지로 정부와 법원, 국회와 법원도 서로를 견제하고 감시

> **핵심 포인트**
> 권력 기관이 서로 견제와 감시를 하는 삼권분립 덕분에 힘의 균형을 이룰 수 있어요.

한답니다. 하지만 이 세상에 완벽한 제도는 없어요.
따라서 국민은 두 눈을 동그랗게 뜨고 지켜봐야 해요. 어느 한쪽에 권력이 집중되지는 않았는지, 서로 한편이 되어 마음대로 나라를 다스리는 것은 아닌지, 서로서로 견제와 감시를 잘하고 있는지 말이에요.

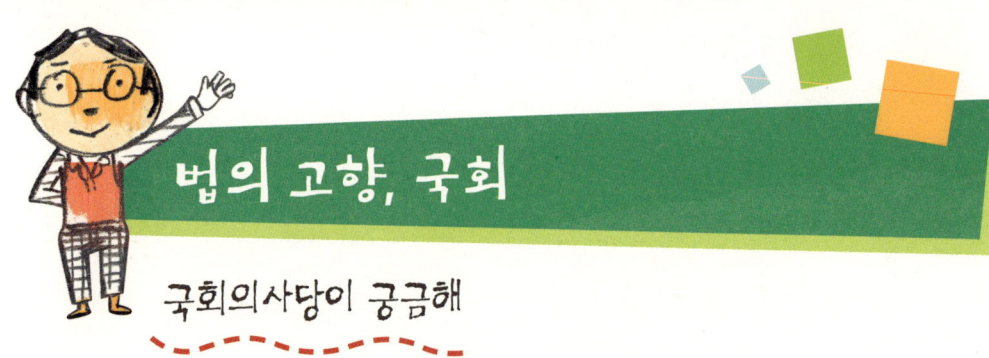

법의 고향, 국회

국회의사당이 궁금해

'½, 8, 24, 64, 1000, 400'

위 숫자의 비밀이 숨어 있는 곳은 어디일까요? 숫자에 약한 사람들을 위해 힌트를 주자면, 바로 여의도예요. 회의를 시작하거나 끝낼 때 의사봉을 '탕탕탕' 세 번 두드려요. 이제 눈치챘나요? 맞아요. 국회의사당이에요.

그럼, 국회의사당에 관해서 알아보아요.

국회의사당은 국민의 대표인 국회의원이 모여서 회의를 하는 장소로, 그 넓이는 여의도 총 넓이의 $\frac{1}{8}$이에요. 국회의사당의 지붕은 돔 모양이에요. 지붕의 밑지름은 64미터이고, 그 무게는 1000톤이나 된답니다.

돔 모양의 지붕을 8각 기둥 24개가 지탱하고 있어요. 기둥의 수 24는 24절기를 의미하고, 돔 모양은 다양한 국민의 의견이 토론을 통해 하나로 모인다는 것을 뜻한답니다.

국회의사당은 통일에도 대비하고 있어요. 통일이 되면 국회의원 수도 늘어나기 때문에, 국회 본회의장 좌석 수를 400개로 더 만들 수 있답니다.

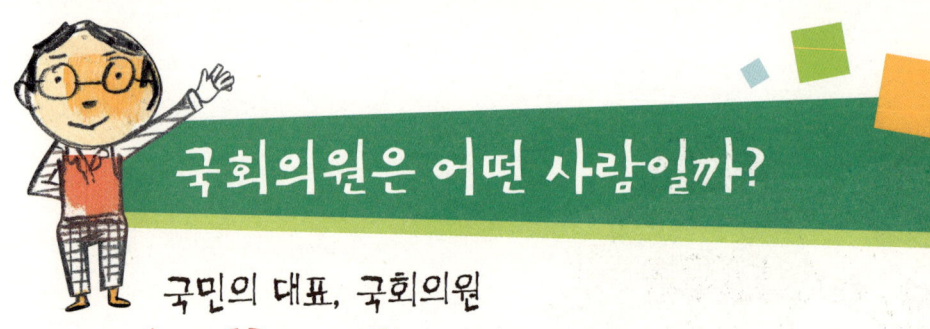

국회의원은 어떤 사람일까?

국민의 대표, 국회의원

국회는 국민이 뽑은 국회의원으로 구성된 국민의 대표 기관이에요.

국회의원은 국회에서 국민을 위해 법을 만들고 행정부와 법원에 대한 견제와 감시를 해요.

국회의원이 되려면 남자든 여자든 상관없어요. 학교를 얼마만큼 다녔는지도 중요하지 않아요. 나이가 만 25살 이상이기만 하면 돼요.

누구나 국회의원 후보로 나설 수는 있지만, 아무나 국회의원으로 뽑아서는 안 되어요. 다른 국민들이 다 지키고 있는 법과 질서, 국민의 의무를 성실하게 잘 지켰는지, 자기가 속한 지역의 이익만을 고집하지는 않을지 꼼꼼하게 따져야 해요.

국회의원의 임기는 4년이에요. 국민이 다시 뽑아 준다면 계속 할 수 있어요.

따라서 한번 뽑았다고 그냥 믿고 맡기지 말고, 국민의 대표로 일을 잘하고 있는지 아닌지를 꼭 살펴야 해요.
국민을 제대로 대표하지 못하면, 국회의원으로 다시 뽑을 필요가 없으니까요.

지역구의원과 비례대표의원

호섭이네 학교에서 반장과 전교 회장을 뽑기로 했어요.

반 친구들이 반장을 뽑으면, 각 학급 반장들이 모여 전교 회장을 뽑아요.

국회의원에는 지역구의원과 비례대표의원이 있어요. 지역구의원은 지역 주민이 직접 선거로 뽑아요.

하지만 비례대표의원은 조금 달라요. 우선 일정한 의석수를 정해요. 그러고는 각 정당이 얻은 득표수를 비교한 후, 그 비율에 따라 미리 정한 의석수를 각 정당이 나누어요.

반 대표인 반장이 지켜야 할 것들이 있듯이 국민의

지역구의원은 득표수에 따라 뽑아.

대표인 국회의원도 반드시 지켜야 할 의무가 있어요. 국회의원은 돈이나 물건을 받고 나쁜 일을 저지르면 안 되어요. 국민의 대표로 나라의 이익을 위해 일해야 해요. 국회의원이라는 신분을 함부로 이용해서는 안 되어요. 마지막으로, 법에서 금지하는 직업을 가져서는 안 돼요.

국회의원들은 무슨 일을 할까?

국회의원들은 아주 중요한 일들을 해요.

첫째, 법과 관련된 일을 해요. 국민투표에 부칠 새로운 헌법을 국회에서 만들어요. 또한 헌법 외의 다른 법도 모두 국회에서 만들어요.

둘째, 돈과 관련된 일을 해요. 1년 동안 나라에서 사용할 돈을 미리 살피는 것은 물론이고, 예산이 제대로 사용되었는지도 꼼꼼히 검사를 해요.

셋째, 행정부와 관련된 일을 해요. 행정부가 법에 따라 일을 잘 처리하는지 조사를 해요. 대통령, 국무총리 등이 법에 어긋나는 잘못을 저지르면 물러나게 할 수도 있어요.

어떤 안건에 대해 국회에서는 다수결의 원칙에 따라 투표로 결정을 해요.

만약, 국회의원 수가 많은 정당이 국민

에게 해가 되는 법을 만들려고 마음만 먹으면, 언제든지 만들 수도 있다는 뜻이에요.
따라서 그런 결정을 막기 위해 의원 수가 적은 다른 정당이 거대 정당을 감시하고 견제해요.

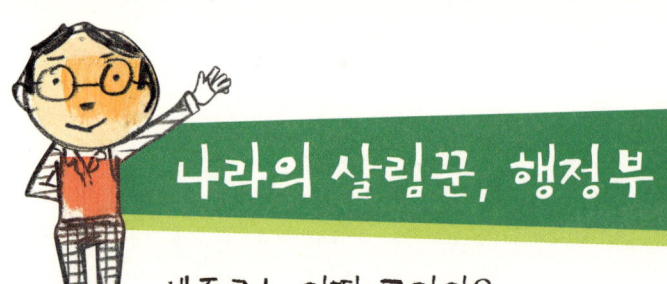

나라의 살림꾼, 행정부

세종로는 어떤 곳이야?

종로구 세종로의 비밀을 알고 있나요?

세종로의 옛 이름은 육조거리예요. 세종로는 조선 시대 왕과 함께 나랏일을 하던 관청들이 있던 곳이랍니다.

오늘날 나라 살림을 맡은 기관은 행정부예요. 행정부는 세종로와 과천, 세종시에 있어요. 아하! 이제 눈치챘나요? 맞아요. 세종로의 비밀은 조선 시대부터 지금까지 600년 동안 나라 살림을 책임지고 있다는 거예요.

육조거리는 왕이 살던 경복궁이 가까웠기 때문에,

⦿ 톡톡 맞춤 지식 ⦿

서울의 옛 지도 수선전도

수선전도는 김정호 선생님이 만든 목판본 서울 지도예요. '수선(首善)'이란 서울을 뜻하므로 '수선전도(首善全圖)'는 '서울전도'라는 뜻이에요. 수선전도는 정교하게 서울을 그린 지도인 동시에 판화(版畵)로서도 그 가치가 높이 평가되고 있어요.

나랏일을 하는 관청이 들어서기 알맞은 장소였어요.
오늘날도 마찬가지예요. 정부서울청사는 대통령이 사는 청와대 바로 근처에 있답니다. 옛 이름은 정부중앙청사였어요.

▲수선전도

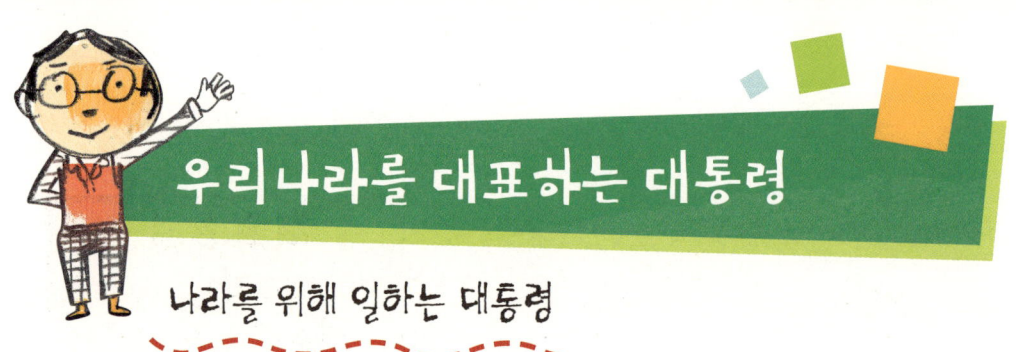

우리나라를 대표하는 대통령

나라를 위해 일하는 대통령

박지성, 김연아의 공통점은 무엇일까요? 두 사람 모두 우리나라 스포츠를 대표하는 국가대표라는 점이에요.

그럼 G20 정상회담과 같은 국제회의에 우리나라를 대표해서 참석하는 사람은요? 바로 대통령이에요.

대통령은 나라를 대표하는 사람이면서, 동시에 행정부에서 가장 높은 사람이기도 해요. 대통령은 국민이 선거로 직접 뽑아요. 만 40세 이상인 우리나라 국민으로 정당의 추천을 받으면 대통령 후보자로 나설 수 있답니다. 대통령의 임기는 5년으로 딱 한 번만 할 수 있어요.

대통령이 되면 가장 먼저 하는 일이 무엇일까요?

바로 취임 선서예요. 헌법으로 정해진 취임 선서문의 내용은 다음과 같아요.

"나는 헌법을 준수하고 국가를 보위하며 조국의 평화적 통일과 국민의 자유와 복리의 증진 및 민족문화의 창달에 노력하여 대통령으로서의 직책을 성실히 수행할 것을 국민 앞에 엄숙히 선서합니다."

이처럼 대통령은 국민 앞에서 헌법과 국가를 지키고 나라의 평화적 통일과 국민의 자유·행복·이익을 위해 열심히 일하겠다고 맹세를 한답니다.

대통령이 하는 일

대통령은 할 일이 무척 많아요.

대통령은 국민의 대표로서 국민의 의견을 듣기 위해 국가 안전에 관한 중요한 정책을 국민투표에 부칠 수 있어요. 그리고 지진, 홍수, 태풍 등 나라에 긴급한 일이 생기면 이에 대처하기 위해 긴급 명령권을 내릴 수 있어요.

또 대통령은 행정부의 최고 책임자로서 행정부를 지휘해요. 국무총리 등 공무원으로서 나라 살림을 함께 할 사람들을 뽑아 일을 맡겨요. 대통령은 국군도 지휘하고 다스리는데, 이를 어려운 말로 국군의 최고 통수권자라고 해요.

대통령은 법을 만드는 일도 해요. 국민의 생활에 필요한 법을 국회에 제출할 수 있는데, 이를 법으로 정하는 것은 국회에서 결정해요.

핵심 포인트: 대통령은 행정부 최고 책임자로 나라 살림을 돌보고 국군을 지휘하는 등 많은 일을 해요.

한편, 법을 직접 실행할 때 필요한 명령인 대통령령은 대통령이 직접 정한 후, 국민에게 알릴 수 있어요.

대통령은 법원과 관련된 일도 해요. 대법원장, 대법관, 헌법재판소 재판관 등으로 일할 사람을 뽑아 일을 맡긴답니다. 그리고 국회의 동의를 얻어 죄수가 감옥에 갇혀 있는 기간을 줄이거나, 아예 감옥에서 내보낼 수도 있어요.

행정부는 어떤 일을 할까?

우리는 대통령과 함께 나라 살림을 해요

세종대왕은 혼자서 나라를 다스렸을까요?

정답은 '아니다'예요. 훌륭한 세종대왕이지만 혼자서 나라를 다스리지는 못했어요. 나라를 다스리는 것은 무척 복잡하고 해야 할 일도 많기 때문이죠. 그래서 옛날 왕들도 여러 관청을 만들어 나랏일을 나누어 맡겼답니다.

오늘날도 마찬가지예요. 대통령 혼자서는 나라 살림을 할 수 없기 때문에 국무총리 그리고 여러 부서의 장관들과 함께 나랏일을 해요.

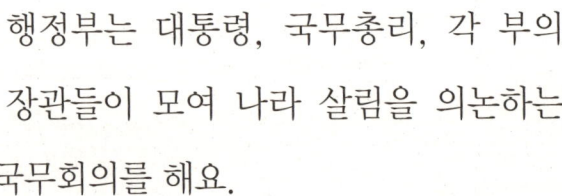

행정부는 대통령, 국무총리, 각 부의 장관들이 모여 나라 살림을 의논하는 국무회의를 해요.

먼저 국무총리에 대해 알아보도록 해요. 국무총리는 대통령을 도와 여러

가지 일을 해요. 행정부에서 대통령 다음으로 높은 사람이 바로 국무총리랍니다.

국무총리는 행정부의 각 부를 다스리고, 각 부의 일을 조정하는 일을 해요. 또한 대통령이 외국에 나갔을 때에는 대통령을 대신해 나랏일을 하기도 한답니다.

만약, 갑작스런 사고로 대통령이 나랏일을 할 수가 없게 된다면 국무총리가 대통령의 역할을 대신 맡게 된답니다.

나라 살림을 나누어 맡고 있는 부서는 모두 현재 18개예요. 각 부처의 최고 책임자를 장관이라고 한답니다.

기획 재정부는 나라의 경제 정책을 세우고 조정하는 역할을 해요. 기획 재정부 아래에는 네 개의 청이 있어요. 국세청은 세금을 거두고, 관세청은 외국에서 수입하는 물건에 세금을 매겨요. 조달청은 정부에서 필요로 하는 물건을 공급하는 역할을 해요. 통계청은 정부에서 필요한 여러 가지 통계를 내는 곳이랍니다.

외교부는 외국과 물건을 사고파는 일에 관련된 일이나 외국과의 조약을 맺는 일을 맡고 있어요. 또한 외국에 있는 우리나라 국민을 보호하고, 이민에 관련된 일도 해요.

통일부는 남북 대화, 남북 교류, 남북 협력 등 통일과 관련된 일을 맡아서 해요.

국방부는 나라를 지키기 위한 정책을 세우고, 군대에 관한 업무를 하는 곳이에요. 국방부 밑에는 병무청과 방위 사업청이 있어요.

행정 안전부는 행정을 맡은 각 부와 지방자치단체를 지원하는 일을 해요. 행정 안전부 밑에 있는 경찰청은 국민들이 편안하게 지낼 수 있도록 치안을 유지하는 일을 맡고 있고, 소방 방재청은 태풍이나 홍수 같은 재난을 관리하는 일을 해요.

문화 체육 관광부는 문화, 예술, 방송, 출판, 체육, 관광에 관한 업무를 맡은 곳이에요.

문화 체육 관광부 아래에 있는 문화재청은 문화재를 보존하고 관리하는 일을 맡고 있어요.

농림 축산 식품부는 농업과 축산업 그리고 식품 산업에 관련된 업무를 맡고 있어요. 농업의 발전과 농민의 생활 수준을 높이기 위해 농촌 진흥청을, 산림을 보호하고 가꾸기 위해 산림청을 두고 있답니다.

산업통상자원부는 수출을 늘리고 반도체, 정보 통신 등 산업을 발전시키기 위한 정책을 맡고 있어요. 또한 가스, 석탄, 전력 등 에너지와 자원에 관한 업무를 담당하고 있답니다.

산업통상자원부에는 특허 관련 업무를 담당하는 특허청이 있어요.

보건 복지부는 가난, 질병 등으로부터 벗어나 국민들이 건강하게 살 수 있도록 돕는 일을 해요. 사회복지, 의료보험, 국민연금 등의 업무를 맡고 있어요.

환경부는 우리가 살고 있는 국토뿐만 아니라 지구 환경을 보호하기 위해 여러 가지 환경오염을 막는 일을 맡고 있어요. 환경부 아래에는 날씨를 관측하고 예보하는 기상청이 있어요.

고용 노동부는 노동자와 회사와의 관계, 노동자들이 일하는 조건, 일자리를 얻지 못한 사람들을 위한 대책에 관한 일을 맡아서 해요.

여성가족부는 가정에서 일어나는 폭력과 성폭력 방지에 관한 일을 해요. 또한 남녀차별 문제 등 여성과 관련된 여러 가지 일을 맡고 있어요.

국토 교통부는 도로, 철도, 항공 등 보다 편리한 교통 시설을 만들고, 댐·상수도 등을 건설하여 국토를 계획적으로 개발하는 일을 해요. 해양수산부는 수산자원을 관리하는 등 바다와 관련된 일을 하는 부서예요. 해양수산부 소속으로는 우리나라의 바다를 지키는 해양경찰청이 있어요. 국토 교통부에는 행정 도시 건설을 위한 행정 중심 복합 도시 건설청이 있어요.

그 밖에도 여러 가지 기관들이 있어요. 대통령 직속으로 있는 감사원, 국가정보원, 방송통신위원회는 대통령을 돕고 있어요. 감사원은 공무원들이 일을 잘하고 있는지, 감시하는 일을 맡고 있어요. 국가정보원은 나라에 필요한 정보를 수집하고 관리하는 역할을 한답니다.

국무총리 밑에도 네 개의 처가 있어요. 법과 제도에 관한 일을 맡은 법제처, 나라에 이바지한 국가유공자와 전쟁에 참가했다가 부상을 당한 군인들을 위한 일을 하

> 핵심 포인트
> 국토 교통부는 도로, 철도, 항공, 해운 등 편리한 교통 시설을 만들고, 국토를 개발하는 곳이에요.

는 국가 보훈처가 있어요. 그 외에도 공정 거래 위원회, 금융 위원회, 국민 권익 위원회가 있답니다.
이처럼 국민을 위해 다양한 기관들이 나라 살림을 맡아서 하고 있어요.

사법부에서는 무슨 일을 할까?

정의의 여신, 법원

나는 누구일까요?

한복을 입고 대법원에 앉아 있어요. 오른손에는 저울을 높이 들고 있고, 왼손에는 법전을 들고 있어요.

오호! 너무 쉽다고요? 맞아요. 정의의 여신상이에요. 우리나라 정의의 여신상에는 비밀이 숨겨져 있어요.

다른 나라에도 정의의 여신상이 있는데 대부분 두 눈을 가린 채 한 손에는 칼을, 다른 한 손에는 저울을 들고 있어요. 이 모습은 그리스 신화에 등장하는 정의의 여신인 디케의 모습에서 따온 것이에요.

⊙ 톡톡 맞춤 지식 ⊙

정의의 여신상이 눈을 가린 이유

정의의 여신상은 정의를 가리는 데 있어 자신의 주관을 버려야 한다는 의미에서 눈을 가리고 있어요. 이것은 상대가 부유하거나, 가난하거나, 권력을 쥐었거나, 힘없는 서민이거나 상관없이 공정한 판결을 하라는 의미예요.

하지만 우리나라에 있는 정의의 여신상은 그 모습이 달라요. 두 눈도 가리지 않은 채, 칼 대신 법전을 들고 있답니다. 정의의 여신이 두 눈을 가리지 않았으므로, 어느 쪽이 옳고 그른지 더 잘 살펴볼 수 있어요.
또한 칼 대신 법전을 들고 있으므로, 칼이 아닌 법으로 옳고 그름을 가리겠다는 뜻이에요.
누군가를 판단하고 잘못을 결정하는 데 있어서 주관을 버리는 것은 쉽지 않아요. 하지만 정의가 뿌리내리는 사회를 위해 공정한 판결을 내리는 것은 무엇보다 중요해요.

한 손에는 법전, 한 손에는 저울을 들고 공정한 판결을!

시시비비도 가리고 국민의 권리도 보호하고!

점심시간에 민규랑 찬송이가 큰 소리로 싸워요. 찬송이가 민규를 놀리자, 화가 난 민규가 찬송이를 때렸거든요. 선생님이 정의의 여신이 되어 누구의 잘못인지 가려 주셨어요.

옛날에는 민규처럼 법이 아니라 힘으로 억울한 일을 해결했어요. 이를 자력구제라고 하는데, 이것으로 자신의 억울함을 해결하다보니 사회가 엉망진창이 되어 버렸어요. 그래서 오늘날

에는 자력구제를 금지하고 있어요. 이제는 사람들 사이에 다툼이 생기면 법에 따라 해결하는 법원으로 가요. 개인이 억울한 일을 당하거나 국가로부터 피해를 입었을 때 국민의 권리를  지켜 주고, 죄를 지은 사람에게 법에 따라 벌을 주어 사회질서를 유지하는 곳이 법원이에요.

법원은 재판으로만 시시비비를 가리지는 않아요. 때로는 '조정과 화해'를 통해 서로에게 양보와 타협을 하도록 설득하기도 해요. 등기도 법원에서 하는 일이에요. 등기란 땅이나 건물에 대한 권리를 표시하는 것을 말해요.

가족관계등록부에 관련된 업무를 맡아 하는 곳도 법원이에요. 개인에 관한 정보를 적은 문서를 가족관계등록부라고 하는데, 그 내용을 바꾸기 위해서는 법원의 허가가 필요하답니다.

공정한 재판을 위한 안전띠, 3심 제도

모든 판사가 솔로몬처럼 현명하게 재판을 할 수는 없어요. 아무리 법에 따라 재판을 한다고 할지라도, 판사도 사람이기 때문에 실수를 할 수가 있어요. 훔치지도 않은 금덩이 때문에 억울한 옥살이를 할 수도 있고, 깨뜨리지도 않은 유리창 값을 보상해 줄 수도 있어요.

이런 피해를 줄이기 위해 만들어진 것이 바로 3심 제도예요.

3심 제도는 공정한 재판을 위해 세 번까지 재판을 받을 수 있도록 한 제도예요.

첫 번째 재판을 '제1심'이라고 하는데 제1심은 지방법원에서 받아요.

제1심 판결에 불만이 있으면 고등법원에 다시 재판을 요구할 수 있는데, 이를 항소라고 해요. 고등법원에서 열리는 두 번째 재판을 '제2심'이라고 해요. 만약, 제2심 판결도 따를
수 없다면 마지막으로 대법원에 다시 판결을 요구할 수 있어요. 이를 상고라고 하고, 대법원에서 열리는 세 번째 재판을 '제3심'이라고 한답니다.

여러 가지 법원의 종류

맡은 일에 따라 법원도 달라!

혹 떼러 갔다가 혹 붙이고 온 혹부리 영감을 알고 있나요? 혹부리 영감은 너무 억울했어요. 자기가 도깨비를 속인 것도 아닌데, 오해를 받아 혹 하나를 더 붙였으니 말이에요.

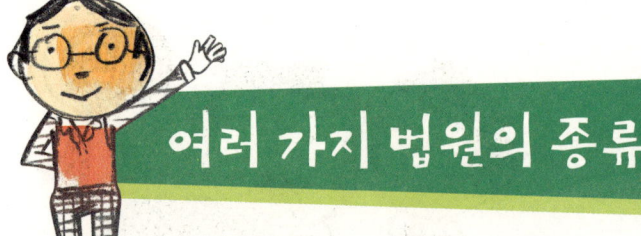

결국 혹이 두 개가 된 혹부리 영감은 재판을 신청하기로 마음을 먹고, 도깨비 법원을 찾아갔어요.

과연 결과는 어떻게 되었을까요? 당연히 도깨비 법원에서는 도깨비 편을 들어주었답니다. 혹부리 영감처럼 억울한 일을 당했다고 아무 법원에나 가면 안 되어요. 법원에도 맡은 일에 따라 종류가 있거든요.

<법원의 종류>

대법원		우리나라 최고의 법원으로 서울에 있음. 재판을 받을 수 있는 마지막 법원으로 제3심 재판을 담당함.
고등법원		서울, 부산, 대구, 광주, 대전에 있음. 제2심을 담당함. 3명의 판사가 합의해서 판결을 내림.
지방법원		특별시, 광역시, 도청 소재지에 있음. 제1심을 담당함. 1명의 판사가 재판을 담당함.
특허법원		특허 관련 문제를 다루는 법원.
가정법원		가정에서 일어나는 문제를 다루는 법원.
행정법원		행정 기관의 잘못으로 손해가 발생했을 때, 이에 관한 문제를 해결하는 법원.
헌법 재판소		법률이나 사회 제도 등이 헌법에 어긋나는지를 심사하는 곳.

내용에 따라 재판도 달라!

맡은 일에 따라 법원의 종류가 다르듯이, 재판 내용에 따라 재판의 종류도 달라요.

흥부는 부모님의 재산을 몽땅 차지한 놀부가 얄미웠어요. 그래서 원님에게 재산을 나누어 달라는 재판을 신청하게 된답니다.

이렇게 개인과 개인 사이에 일어난 문제를 법으로 해결하는 것을 민사재판이라고 해요.

장화와 홍련은 의붓어머니 때문에 목숨을 잃었어요. 그래서 억울해 죽어서도 눈을 감을 수 없었어요. 결국, 귀신이 되어 원님에게 의붓어머니의 죄를 고하게 되어요.

장화와 홍련처럼, 사회질서를 유지하기 위해 강도·살인 등의 범죄를 처벌하는 재판을 형사재판이라고 해요.

춘향이는 지은 죄도 없이 억울하게 옥살이를 했어요. 옥에 갇힌 채, 춘향이는 나라를 상대로 재판을 신청했어요. 변학도가 죄가 없는 사람을 옥에 가두었다고 말이에요.

춘향이처럼, 행정기관이 법에 어긋나는 일을 해서 개인이 손해를 입었을 때 신청하는 재판을 행정재판이라고 해요.

나라 밖 정치가 궁금해!

우리는 지구촌 이웃

런던, 파리, 뉴욕 그리고 서울에서 동시 상영!

"에잇! 뭐야?"

민섭이는 실망이 컸어요. 런던에 사는 사촌 동생이 영화 〈해리 포터〉를 보고 줄거리를 이메일로 써 보냈거든요. 민섭이도 내일 그 영화를 보려고 했는데 말이에요.

만약, 민섭이가 40년 전에 태어났다면 어땠을까요?

이메일은 받아 볼 수도 없었을 테고, 런던에서 개봉한 영화를 보기 위해서는 한참을 기다려야 했을 거예요.

40년 전에는 이메일이 없었어요. 게다가 런던과 서울에서 최신 영화를 동시에 상영한다는 것은 꿈도 꿀 수 없었답니다.

세계 여러 나라가 지구촌 이웃으로 서로 가깝게 지내게

된 것은 교통과 정보 통신의 발달 덕분이에요. 교통의 발달로 서울에서 뉴욕으로, 뉴욕에서 파리로 이동하는 것이 아주 편리해졌고, 그 시간도 짧아졌어요. 배로 다니던 거리를 비행기로 다니게 되었으니까요.

또 인터넷 등 정보 통신이 발달하면서 모든 정보를 전 세계가 함께 나누게 되었어요. 런던에서 개봉한 영화의 내용을 전 세계 사람들이 다 알게 되었으니까요.

교통과 정보 통신의 발달로, 우리는 런던, 파리, 뉴욕 그리고 서울에서 영화 〈해리포터〉를 동시에 볼 수 있는 지구촌 시대에 살고 있답니다.

> **핵심 포인트**
> 교통과 정보 통신의 발달로 전 세계 사람들은 지구촌 이웃이 되어 서로 가깝게 지내고 있어요.

함께하는 지구촌

세계 각국이 함께 노력해

교통과 정보 통신의 발달로 사람, 물건, 정보의 이동이 늘어나면서 세계 각국은 더 많은 자원을 얻고, 더 좋은 과학기술을 확보하기 위해 서로 경쟁을 하게 되었어요. 이러한 경쟁이 때로는 전쟁을 불러일으키기도 했답니다. 제1, 2차 세계대전을 겪은 후에야, 세계는 나라와 나라 사이의 다툼이 얼마나 끔찍한 결과를

톡톡 맞춤 지식

G20 정상회의

G20은 G7이라 불리는 7개의 나라와 함께 새롭게 성장한 각 대륙의 13개의 나라가 참여하는 회의예요. 2008년 세계 금융 위기가 발생한 후, 세계 경제 성장을 위한 협력뿐만 아니라 기후 변화, 에너지 안보 등 세계 각국의 다양한 문제를 해결하기 위해 G20 정상회의가 열렸어요.

가져오는지를 깨달았어요. 그리고 1945년 전쟁 방지와 세계 평화를 유지하기 위해 국제연합(UN)이라는 기구를 만들었어요. 국제연합에서는 200여 개의 나라가 모여 서로에게 도움이 되는 해결 방법을 찾아 나가기 위한 노력을 하고 있어요.

국제연합과 함께 'G20'도 국제정치를 담당하고 있어요. 'G20'이란 '주요 20개국 모임'이라는 뜻으로, 평화로운 지구촌을 위해 세계 20개국이 모여 회의를 하는 거예요.

국가, 너한테만 맡길 수 없어!

'한 시간 내에 달려갑니다.'

지진, 홍수, 전쟁 등으로 위험에 처한 곳이 생기면, 그곳이 지구촌 어디든지 한 시간 내에 달려가겠다는 뜻이에요. 도대체 누가 달려가는 거냐고요? 바로 '국경없는 의사회' 랍니다.

'국경없는 의사회'는 '옥스팜', '그린피스' 등과 더불어 대표적인 국제비정부기구예요.

국제비정부기구란 세계의 인권, 환경, 빈곤 문제를 해결하기 위해 국가가 아닌 일반 사람들이 중심이 되어 만들어진 국제적인 단체로, 흔히 영어로 'NGO(엔지오)' 라고 해요.

국제연합이나 G20과 같은 국제기구는 각 국가가 나서

> **톡톡 맞춤 지식**
>
> **국제NGO란?**
>
> 세계의 인권, 환경, 빈곤 문제를 해결하기 위해 국가가 아닌 일반 사람들이 중심이 되어 만들어진 국제적인 단체를 NGO(엔지오)라고 한답니다. 대표적인 국제NGO 단체로는 의료 활동을 하는 '국경없는 의사회', 환경 문제를 다루는 '그린피스' 등이 있답니다.

서 만든 단체예요. 그러나 이런 국제기구는 국제적인 분쟁 해결에 도움이 되지 않을 때도 많아요. 전쟁으로 수많은 사람들이 죽고 있는데, 자기 나라의 체면과 이익만을 따지느라 전쟁을 계속하기도 해요. 지구촌 전체의 이익보다 자신의 국가 이익이 앞서기 때문이에요.

사람들은 더 이상 국가에게만 국제정치를 맡길 수 없다고 생각했어요. 그리고 세계 평화를 위해 NGO를 만들었어요.
우리나라가 국제연합과 G20의 회원국으로 국제정치에 적극 참여하듯이, 우리 개개인도 지구촌의 한 사람으로서 국제NGO에 관심을 갖고 참여해야 한답니다.